بابا، نجْم الكورة

رشاد الخلّادي

My Dad, the
Soccer Star

Tunisian Arabic Reader – Book 2
by Rached Khalledi

lingualism

ISBN: 978-1-949650-63-1

Written by Rached Khalledi

Edited by Lilia Khachroum and Matthew Aldrich

Cover art by Duc-Minh Vu

Audio by Rached Khalledi

Page 3 photo: Tasnim News Agency CC BY 4.0

website: www.lingualism.com

email: contact@lingualism.com

Introduction

The **Tunisian Arabic Readers** series aims to provide learners with much-needed exposure to authentic language. The books in the series are at a similar level (B1-B2) and can be read in any order. The stories are a fun and flexible tool for building vocabulary, improving language skills, and developing overall fluency.

The main text is presented on even-numbered pages with tashkeel (diacritics) to aid in reading, while parallel English translations on odd-numbered pages are there to help you better understand new words and idioms. A second version of the text is given at the back of the book, without the distraction of tashkeel and translations, for those who are up to the challenge.

New to this edition: the English translations have been revised for improved clarity and accuracy. Each story now also includes **20 comprehension questions** with example answers to help reinforce your understanding of the text. A **sequencing exercise** is provided as well, where you'll put ten key events from the story back in their correct order. These additions make the book even more useful for self-study, classroom use, or group discussions.

Visit www.lingualism.com/audio, to stream or download the free accompanying audio.

This book is also available in Modern Standard Arabic at www.lingualism.com/msar.

بابا، نجْم الكورة

مُعِز، شُهِر زْلاتان[1]، مُهنْدِس في شرِكة إنْجْليزية، عنْدو زوز صْغار، كريم وسمر، مرْتو فاطْمة تِخْدِم في لابْرتْوار. سمر قْريبة لأُمْها برْشا ،كانِت ديمة تِسْتناها تجْي تْقوّمْها حتّى وكان هِيَّ فايْقة.

كُلّ يوم مُعِز يْقيّم وِلْدو ويِسْتنّى بِنْتو باش تْقوم ويْحضْرِلهُم فْطور صْباح ويبْدا يحْكيلْهُم عْلى بُطولاتو وانْجازاتو في دومان الكورة وكان ديما يْقول إلي هُوَّ يْكوّر كيف زْلاتان إبْراهيموفِتْش بِالضّبْط. صْغارو مِن كُثْر ما يْصدْقو كْلامو، كريم كان كُلّ ما يِحْلِم، يْشوف بوه يْحارِب في الاشْرار بِالكورة. كريم ساعات يِتْمنى يَرْجع بالوَقْت التّالي باش يْشوف بوه كيفاش كان يْكوّر قْبل.

مُعِز كان نادِراً وين تِسْمع إسْمو الصْحيح، ديما في الحومة ما يْعيْطولو كان زْلاتان. وِصْلِت الحْكايا إلّي فمّا برْشا عْباد كانو ما يعْرْفروش إسْمو.

My Dad, the Soccer Star

Moez, nicknamed Zlatan, is an engineer at a British company. He has two kids, Karim and Samar. His wife Fatma works at a laboratory. Samar is very close to her mother. She would always wait for her to come wake her up—even if she was already awake.

Every day, Moez wakes up his son and waits for his daughter to wake up, then prepares breakfast for them. He always tells them about his achievements in soccer, saying he used to play just like Zlatan Ibrahimović. His kids believed him so much that Karim would dream of seeing his dad fight bad guys with a soccer ball. Sometimes Karim wished he could go back in time just to see how his dad used to play.

Moez's real name was rarely heard—everyone in the neighborhood just called him Zlatan. It got to the point where many people didn't even know his actual name.

---

[1] Moez takes his nickname from Zlatan Ibrahimović, a Swedish professional soccer player, highly regarded as one of the greatest strikers of all time. He currently plays for A.C. Milan and the Swedish national team.

فاطْمة مرْت زْلاتان، كانِت موش ديما تحْكي لِصْغارْها عْلى بوهُم، رغْم إلّي كانِت تعْرْفو مِلّي هوما صْغار عْلى خاطِرْهُم كانوا يْعيشوا في نفْس الحومة. زْلاتان كان عنْدو تأْثير كْبير عْلى صْغارو، خاصّةً كريم، إلّي تِزْرع فيه حُبّ الكورة قْبل حتّى ما يِتْعلّم الحْديث، الشّي اللي خلّاه أوّل ما يِدْخُل لِلْمكْتِب يِشْترِك في النّادي الرِّياضي المدْرسي ويْوَلّي مِن الأساسِيّين في الجمْعية.

كيما كُلّ صْباح، زْلاتان قام أوّل واحِد في العايْلة. هُوَّ شخْصية مُهِمّة ومحْبوبة في الخِدْمة مْتاعو، على هذاكا كان ديما لاهي بْمظْهْرو الخارِجي ولِياقْتو. لازْمو ديما قْبل ما يُخْرُج مِالدّار، يعْمِل دوش ويْحجّم لحيتو، ومْشى يْقيّم في وِلْدو.

"هيّا كريم، قوم يْعيِّش وِلْدي."

"خلّيني نْزيد شْوَيّة بابا مازال بِكْري."

"لا هيّا يا بطل، راهُم الكوارْجية الكُلّ يْقوموا بِكْري باش يْعدّيوْ نْهار كامِل ناشْطين."

"أيْ حتّى آنا كوّارْجي كْبير وباش يعْمْلولي حفْل تكْريم!"

Fatma, Zlatan's wife, didn't often tell their kids about their father, even though she had known him since they were young because they lived in the same neighborhood. Zlatan had a big influence on his kids, especially Karim, who developed a love for soccer before he could even talk. As soon as he started school, he signed up for the school's sports club and became one of its main players.

Just like every morning, Zlatan was the first in the family to wake up. He was an important and well-liked figure at work, which is why he always cared about his appearance and fitness. Before leaving the house, he had to shower and trim his beard—then he went to wake up his son.

"Come on, Karim. Wake up, son."

"Let me sleep a little more, Dad. It's still early."

"No—come on, champ! All soccer players wake up early to stay active all day long."

"Yeah! I'm a great soccer player too—and they're going to throw me an award ceremony!"

مُعِز كان ماشي في بالو إلّي كريم كان يْفدْلك، وحبّ يْزيد يْهزّْلو المورال ياخي قلو: "أيْ بِالطّْبيعة! إنْتِ مِن أكْبر الكوّارْجية في العالم!"

"بِالحقّ راهو يا بابا باش يعْمْلولْنا حفْل تكْريم في المكْتِب وآنا كُنْت مِن أحْسِن الملاعْبية السّْنا في الفريق وباش ناخو جايْزة!"

مُعِز فْرح علّْخّْر وقالّو: "يَعْطيك الصّحّة يا مْعلّْم! بِلْحقّ بْرافو عْليك، ربّيت ولْقيت! إنْتِ أكيد طالع فنّان مْتع كورة كيما بوك!"

"يْعيْشِك بابا! هذا الكُلّ بْفضْلِك إنْتِ وعْلى خاطْرِك مْلاعْبي كْبير، حتّى آنا هاني جيت كيفِك! ياخي إنْتوما قْبل ما كانوش يعْطيوكُم جوايِز؟"

"آه يا وْليدي نحْنا كان جاوْ يعْطيوْنا جوايِز قْبل راهو القاراج ما عادِش نلْقاوْ فيه بْلاصة للْكرْهبة."

"آنا الجايْزة هاذي باش نِهْديهالِك ليك إنْتِ أمّا لازْمِك تْجي مْعايا لِلْمكْتِب نْهار السّْبْت الجاي، نْهارِةْ الحفْلة."

"بِالطّْبيعة وِلْدي باش نْكون حاضِر مْعاك! ما نجّْمْش نْكون مانيش حاضِر في نْهار مُهِمّ في حْياتِك كيما النْهار هذا، أمّا الجايْزة إنْتِ جِبْتْها يا بطل وإنْتِ إلّي تِسْتْحقّْها!"

[3:25]

Moez thought Karim was joking and wanted to lift his spirits even more, so he said, "Of course! You're one of the greatest soccer players in the world!"

"It's true, Dad! They're going to hold a ceremony at school. I've been one of the best players on the team this year, and I'll be getting a prize!"

Moez was overjoyed and told him, "Good job, champ! Bravo—really! I raised you right! You're definitely turning into a soccer star like your dad!"

"Thanks, Dad! It's all because of you—since you're a great player, I became one too! Didn't they used to give you prizes back in your day?"

"Oh, son... if they had given us awards back then, we wouldn't have had room left in the garage for the car."

"I'm going to dedicate this award to you—but you have to come with me to school next Saturday, the day of the ceremony."

"Of course I'll be there with you, son! I couldn't possibly miss such an important day in your life. But the award—you earned it, hero. You're the one who deserves it!"

زْلاتان حاسِس إلّي ولدي باش يطْلع كوّارْجي كْبير وشادِد ثْنية صْحيحة!
مْشى يِجْري لْمرْتو وقوّمْها وقالْها: "صْباح الخيرْ عْزيزْتي، عنْدي ليك خْبر هايِل!"

"صْباح النّور، أيْ قْلّي! حتّى آنا عنْدي برْشا علْى خْبر باهي."

"اليوم تْأكّدْت إلّي كريم طالع لْبوه يا فاطْمة."

"علْى شْنوّا تحْكي بِالضّبْط؟ فاش باش يطْلع كيفِك؟"

"طالِع كوّارْجي كْبير! آنا مِتْأكِّد."

فاطْمة تْبسّمِت شْوَيّة وقالِتْلو: "ايه ايه صْحيح صْحيح، كيف كيف علِّخْرِّ!"

"هيّا هيّا لازْمِك تْقوم اليوم عنْدْنا فْطور صْباح عالمي، باش نِحْتفْلو بِالخْبر الهايِل هذا!"

"ماكِش ناوي تْقْلّي علْى شْنوّا تحْكي بِالضّبْط؟"

"كريم باش يَعْمْلولو حفْلة علْى خاطْرو كان مِن أحْسن المْلاعْبية في الفريق!"

[5:09]

Zlatan felt that his son was going to grow up to be a great soccer player and that he was on the right path. He ran to wake up his wife and said, "Good morning, my dear—I have amazing news for you!"

"Good morning. Yes, tell me! It's been a while since I've heard good news."

"Today, I'm convinced Karim is taking after his father, Fatma."

"What exactly do you mean? In what way is he turning out like you?"

"He's going to be a great soccer player! I'm sure of it."

Fatma smiled a little and told him, "Yeah, yeah... right. Exactly the same!"

"Come on, you need to get up—today we're having an amazing breakfast to celebrate this great news!"

"Aren't you going to tell me exactly what you're talking about?"

"They're organizing a celebration for Karim because he's been one of the best players on the team!"

خْرج زْلاتان لِلْحومة شايِخ، فرْحان وزاهْيِتْلو في النّوّار ودار يحْكي لِلْحومة الكُلّ عْلى وِلْدو وقداهوش فرْحان بيه. خْذا قضْية هايْلة لِلْفْطور وروَّح لِلدّار لْقى مرْتو ووِلْدو يِسْتنّاوْ فيه في بيت الفْطور.

مُعِز ضْحك وقال: "كان جيت نعْرِف إلّي كان كُلّ ما وِلْدي ياخِذ جايْزة باش تْقومو بِكْري هكّا، راني كُلّ يوم نْجيبْلِك في الجوايِز، أمّا ويني سمر شْباها ماهيش معاكم؟"

فاطْمة جبْدِت مُعِز عْلى جْنب وقالِتْلو: "بِنْتِك باش تْموت مِالغيرة."

"عْلاش شْباها؟"

"مْشيت باش نْقوّمْها، قالِتْلي: "مانيش باش نْقوم، برّاوْ أُفْطْرو مْع وِلْدْكُم المُفضّل."

"ياخي هِيَّ كيفاه سِمْعِت بِالحْكايا؟ إنْتِ قُلْتِلْها؟"

"ما حْكيتِلْها شَيْ، سِمْعِتِّك تحْكي إنْتِ وكريم في البيت."

مُعِز حسّ بِالذّنْب شْوَيّة وطْلع لْبِنْتو لِلْبيت، يلْقاها مْطْفْية الضّوْ ومْغُطّْية راسْها بِالغْطاء. مْشالْها بِالشْوَيّة وإتّكّى بحْذاها وقالْلِها: "صْباح الخيرْ بِنْت بوها، شْبي بِنْتي ما تْحِبِّش تْقوم؟"

[6:23]

Zlatan headed out into the neighborhood, thrilled, proud, and in high spirits. He went around telling everyone about his son and how proud he was. He picked up some fantastic food for breakfast and returned home to find his wife and son waiting for him at the breakfast table.

Moez laughed and said, "If I had known that every time my son got an award, you'd be up this early, I would've gotten him awards every day! But where's Samar? Why isn't she with you?"

Fatma pulled Moez aside and said, "Your daughter is dying of jealousy."

"Why? What's wrong with her?"

"I went to wake her up, and she said, 'I'm not getting up. Go have breakfast with your favorite child.'"

"But how did she hear about all this? Did you tell her?"

"I didn't say anything—she heard you and Karim talking in the bedroom."

Moez felt a bit guilty and went upstairs to his daughter's room. He found the lights off, and her head completely covered by the blanket. He quietly walked over, sat beside her, and said, "Good morning, Daddy's girl. What's wrong? Why won't you get up?"

"عْلى خاطِرْكُم ديما لاهين بْكريم وآنا ديما تنْساوْني!"

"رُدّ بالِك تْعاوِد هالكْلام يْعيِّش بِنْتي، آنا راني نْحِبْكُم الزّوز كيف كيف وعُمْري لا نْفرّق بيناتْكُم."

"مالا شْبيك ديما تِفْرح أكْثر بِالحاجات اللي يعْملْهُم كريم وآنا لا؟"

"آنا نِفْرْحِلْكُم الزّوز كيف كيف، إنْتِ راك الأميرة مْتاعي، ما تْكُرْش زادا إلِّي كريم كي نِتْغشّش عْليه، نِتْغشش عْليه أكْثر مِنِّك، صْحيح وَلّا لا؟"

"صْحيح."

"اكاهو مالا يْعيّش بِنْتي ملازْمِكْش تْغير مِن خوك! إنْتوما الزّوز لازِم تْكونو حِماية وقُدْوة لِبْعضْكُم، تْفاهِمْنا؟"

"تْفاهِمْنا بابا!"

"مالا هيّا قوم يْعيِّش بِنْتي راهي الطّاوْلة مْتاعْنا ما لازِم يُنْقُص مِنْها حدّ."

كمّل مُعز فْطور الصْباح مْعا عايِلْتو وخْرج بْكرْهبْتو عامِل جوّ ويْغنّي. وْصِل لِلْخِدْمة وأوّل حاجة عْملْها لمّ الزُّملاء مْتاعو الكُلّ وقْعد يحْكيلْهُم عْلى وِلْدو ويْعاوِد: "وِلْد زْلاتان ما يْنجّم يْكون كان كوّارْجي كْبير!"

[7:57]

"Because you're always focused on Karim and always forget about me!"

"Please don't say that again, my girl. I love you both the same, and I've never made a difference between the two of you."

"Then why are you always happier about the things Karim does, but not the things I do?"

"You both make me equally happy. You're my princess. And don't forget—I get mad at Karim way more than I do at you. Isn't that true?"

"True."

"Exactly! So don't be jealous of your brother, sweetheart. You both need to support each other and be role models for one another. Deal?"

"Deal, Dad!"

"Alright, then—come on, my girl. Our table shouldn't be missing anyone."

Moez finished breakfast with his family and left in his car, singing and in high spirits. When he got to work, the first thing he did was gather all his colleagues and tell them about his son, saying again and again, "The son of Zlatan can only be a great soccer player!"

زْلاتان كان محْبوب برْشا فاي لخِدْمة مْتاعو، كانو حتّى كي يبْدا فمّا ماتْش كورة يْحِبّوه يحْظر مْعاهُم باش يْفسّْرِلْهُم حركات المْلاعْبية وتكْتيك المُدرّْبين، كانو حتّى كي يَلْعْبو "البْروموسْبور" (هِيَّ لعْبة تونْسية مْتاع مُراهْنة عْلى جمْعِيات الكورة) ما يِسْمْعو كان كْلامو ويْحُطّو الجمْعِيات اللي يْقول علاها هُوَّ.

نهْارةْ الحفْلة، عايِلْت زْلاتان قامو لْكُلّْهُم بِكْري، حتّى سمر اللي كانِت غايْرة مِن خوها، قامِت مْعاهُم وعمْلو فْطور صْباح كي العادة، أفْراد العايْلة الكُلّ عامْلين جو ويْحضّْرو في رْواحْهُم باش يمِشْيو لِلْمكْتِب مْع كريم ويحْضْرو مْعاه.

المكْتِب كان مْعِبي عْلى غير العادة النّْهار هذا، عْلى خاطِر أوْلِياء التّْلامْذة لُخْرين الكُلّ وعايْلاتْهُم كانو زادا حاضْرين مْع صْغارْهُم باش يْشارْكوهُم فرْحِتْهُم. كريم ما كانِش مِالمتِألقّين برْك، بل كانهُوَّأحْسن مْلاعْبي في الجمْعية وعْطاوه الجايْزة الأولى وكان الأساتْذة والمُدير يمْجّْدو فيه ويْعاوْدو قُدام العْباد الكُلّ.

[9:35]

Zlatan was very well-liked at his workplace. Whenever there was a soccer match, they loved having him watch with them so he could explain the players' moves and the coaches' tactics. Even when they played Promosport (a Tunisian soccer betting game), they would only listen to his predictions and choose the teams he recommended.

On the day of the ceremony, Zlatan's whole family got up early. Even Samar, who had been jealous of her brother, got up with them. They had breakfast like usual—everyone in the family was in high spirits, getting ready to go to school with Karim and attend the celebration with him.

That day, the school was more crowded than usual because the students' families were all there to share in their kids' joy. Karim wasn't just one of the top players—he was the best on the team. He received the first-place award, and the teachers and the principal kept praising him in front of everyone.

بِالوَقْت تْعبّات برْشا البْلاصة، وِصْلو حتّى فمّا برْشا أوْلِياء ما لْقاوِش كْراسي يُقْعْدو عْليهُم. الإدارة ما كانِتْش تِتْصوّر إنّو باش يْكون فمّا إقْبال بِالصّيفة هاذي، الشّيْ اللي خلّا أُسْتاذ الرِّياضة تْجيه فِكْرة إنْهُم يعْمْلو ماتْش كورة يشارْكو فيه الأوْلِياء المْلاعْبية باش يْزيدو يْقرْبوهُم مِن صْغارْهُم ويْعيشو غْرامْهُم مْعاهُم.

المُدير عِجْبِتو الفِكْرة ويْكان يْشوف إلّي الحدث هذا باش يْكون الأوّل مِن نوعو في الجُمْهورية وباش يْزيد يِثْبِت كفائِةْ المدْرْسة في تقْوية العلاقات بين أفْراد العايْلة وقرّر إنّو يْقول الفِكْرة لِلأوْلِياء ويْشوف رُدود فِعْلْهُم.

دوب ما كمّل كْلامو، كريم تْحمّس برْشا لِلْفِكْرة عْلى خاطِر أخيراً حُلْمو باش يِتْحقّق ويْشوف بوه كيفاه يْكوّر خاصّةً إلّي هُوَّ باش يْكون حاضِر في الماتْش وقال بْصوت قْوي: "بِالطّبيعة مْوافْقين! تي راهو بابا زْلاتان!"

[11:14]

Over time, the place became packed, and many parents couldn't find chairs to sit on. The school administration hadn't expected such a big turnout. That's when the PE teacher got the idea to organize a soccer match where the parents could play—so they could connect more with their kids and share in their passion.

The principal liked the idea and thought this event could be the first of its kind in the country. It would show the school's strength in building stronger family bonds. He decided to share the idea with the parents and see how they reacted.

As soon as he finished speaking, Karim got super excited—finally, his dream of seeing his dad play soccer would come true, especially since he would be there in person. He shouted loudly, "Of course we agree! My dad is Zlatan!"

مْعِز كان ردّ فِعْلو ماهوش مِتْوقّع جِمْلة، في الوَقْت اللي كانِت العْباد الكُلّ تِسْتنّى إلّي هُوَّ باش يفرح أكْثر مِن وِلْدو، عْلى خاطِر الاساطير الكُلّ ديما يْحِبو يَرْجع بيهُم الوَقْت لْتالي ويَرْجْعو يْمِسّو كورة ويِتْذكّرو أياماتْهُم، أمّا زْلاتان كان عكْس هذا، ضْهُر عْلى وِجْهو إلّي هُوَّ ما كانِش مِتْحمِّس ياسِر لِلْفِكْرة والسُّؤال الوَحيد اللي قالّو كان: "وَقْتاه باش يْتِلْعب هالْماتْش؟"

حتّى وهوما مْروّحين في الكرْهْبة، كانِت العايْلة الكُلّ مِتْحمّْسين لِلْماتْش ويحْكيوْ عْليه إلّا هُوَّ، لْبِس مْرايات الشّمْس مْتاعو وكان مْركّز في الثّنية.

كريم قصّ عْلى الحْديث الكُلّ وقال لْبوه: "هيّا بابا عاد هاي جاتِك الفُرْصة اللي تِسْتنّا فاها!"

زْلاتان كان مِترْدِّد برْشا في إجابْتو وقالّو: "أيْ... أيْ بِالطّْبيعة وِلْدي باش نرْبْحو!"

"أيْ هذا ما فيهِش كْلام، باش نعْطيوْهُم طْبيخة!"

"نْشاله... نْشاله..."

[12:45]

Moez's reaction was completely unexpected. While everyone was expecting him to be even more excited than his son—because all legends dream of going back in time, kicking the ball again, and remembering the good old days—Zlatan was the opposite. His face showed that he wasn't very enthusiastic about the idea. The only thing he said was, "When is this match going to be played?"

Even on the car ride home, the whole family was excited and talking about the match—except for him. He had his sunglasses on and was focused on the road.

Karim cut into the conversation and said to his dad, "Come on, Dad! This is the chance you've been waiting for!"

Zlatan was very hesitant in his response and said, "Yes... Yes, of course, son! We're going to win!"

"Of course! No doubt—we're going to crush them!"

"Inshallah... Inshallah..."

كي روّحو لِلدّار، مْعِز دْخل طول لِلْبيت، ما كانِش هذا مِن عْوايْدو، كان ديما يْحِبّ اللّمة ويْحِب يْعدّي أكْثر وَقْت مْع عايِلْتو.

كي حسِّت فاطْمة إلِّي راجِلْها مِتْقلّق، مْشاتْلو لِلْبيت وقالِتْلو: "شْبيك عْزيزي؟"

"لا لا شيْ! ما بِيّا شيْ! ما تْقلّقْش روحِك."

"يا خي مِسْتانِس تْخبّي عْلِيّا؟"

"بِالحقّ لاباس راني، غير عنْدي برْشا ما مسّيتِش كورة ولازِمْني نِتْفكّر."

فاطْمة ضحْكِت شْوَيّة وقالِتْلو: "آنا أوّل مرّة نِسْمع بْعبْد ينْسى كيفاش يْكوَّر."

"لا موش نْسيت، أمّا خايِف نْكون فْقِدْت مهاراتي."

"ها ها! وهُوَّ فمّا زْلاتان يْخاف مِالكورة؟ هيّا يا زْلاتان إيجا أُقْعُد مْعانا إيجا."

"باهي شْوَيّة آخِر ونْجي نُقْعُد بحْذاكُم!"

[14:12]

When they got home, Moez went straight into the bedroom, which was unusual for him. He usually loved hanging out with the family and spending time with them.

When Fatma noticed that her husband seemed upset, she went into the bedroom and asked him, "What's wrong, sweetheart?"

"No, no, it's nothing! Nothing's wrong with me! Don't worry."

"Since when do you keep things from me?"

"Really, I'm fine. It's just been a long time since I last kicked a ball, and I need to brush up."

Fatma laughed a little and said, "This is the first time I've heard of someone forgetting how to play soccer."

"No, I haven't forgotten, but I'm afraid I've lost my skills."

"Ha ha! Is there even a Zlatan who's afraid of soccer? Come on, Zlatan. Come sit with us."

"Okay, I'll join you in a bit."

رجْعِت فاطْمة لِلصّالة بحْذا سمر وكريم اللي كانو يِسْتنّاوْ في بوهُم باش يحْكيوْ عْلى الماتْش، أمّا كي ما هْبطْش كريم قال: "ياخي شْبيه بابا؟"

فاطْمة ما حبِّتْش تْحيِّرو وجاوْبِتّو: "تْعِب شْوَيّة لْبارح ليلا كامْلة وهُوَّ ساهِر عنْدو برْشا خِدْمة."

سمر ادّخْلِت وقالِت: "غْريبة إسّاعة ضْهُرْلي لاباس عْليه، زعْمة نمْشي نْشوفو شْبيه؟"

"لا، أُقْعُد يْعيِّش بِنْتي، شْوَيّة آخِر ويَهْبط وَحْدو."

كريم كان عنْدو إحْساس إلّي فمّا حاجة، أمّا ما عنْدو حتّى فِكْرة شْنُوّا تْنجّم تْكون، كان مِسْتنّي إنّو بوه باش يْشارْكو فرْحة الماتْش، أمّا ما حبِّش يحْكي مْعاه في الموْضوع باش ما يُحْرْجوش.

مِن غُدْوَة عْلى عكْس عادْتو مُعِز قام مخّر، عدّى ليلة كامْلة وهُوَّ يِتْفرّج في فيدْيوات زْلاتان والمْلاعْبية المعْروفين، مرْتو كي سِألِتّو فاش كان يعْمِل بِالضّبْط قالِلْها إلّي هُوَّ قاعِد يْحاوِل يِتْذكّر شوايا الفازات إلّي كان يعْمل فيهُم بِسْهولة.

[15:23]

Fatma went back to the living room where Samar and Karim were waiting for their father to talk about the game. When he didn't come down, Karim said, "What's wrong with Dad?"

Fatma didn't want to worry him, so she replied, "He's just a little tired. He was up all night with a lot of work."

Samar jumped in and said, "That's strange. I thought he was fine earlier. Should I go check on him?"

"No, stay here, sweetie. He'll come down in a bit."

Karim had a feeling that something was off, but he had no idea what it could be. He was expecting his dad to share in the excitement about the game, but he didn't want to bring it up and make him uncomfortable.

The next day, unlike his usual routine, Moez woke up late. He had spent the entire night watching videos of Zlatan and other famous players. When his wife asked what he was doing, he told

حتّى في الخِدْمة عدّى نُص نْهار كامِل وهُوَّ يِتْفرّج. واحِد مِالزُّملاء مْتاعو وِلْدو كان يقْرى مْع كريم في نفْس المكْتِب وكان زادا هُوَّ مِسْتِدْعي لِلتّكْويرة.

دوب ما شاف مُعِز مْشالو يِجْري وحطّ يِدّو عْلى كِتْفو وقالّو: "وأخيراً! باش نْشوفو زْلاتان يْكوّر!"

مُعِز حاوِل يْسكّتو وقالّو: "أحْكي بِالشّْوية يا وِلْدي مْنين سْمعْت إنْتِ؟"

"كيفاه مْنين سْمعْت؟ تي ماهو وِلْدي خليل يقْرى فرْد قِسْم مْع وِلْدِك."

"شْبيني ما ريتكش لبارح ملا في المكْتِب؟"

"لْبارح كان عنْدي ما نعْمل الصّْباح، دوب ما كمّلْت خْلطْت عْلى عايِلْتي في المكْتِب أمّا إنْتِ وَقْتْها روّحْت وكمّلْت."

زميل زْلاتان كان مِتْحمِّس برْشا لِلْماتْش ولمّ جْماعِةْ الخِدْمة الكُلّ وقلْهُم: "يا جْماعة عنْدي ليكُم خْبر هايِل! باش نْشوفو الأُسْطورة زْلاتان يْكوِّر!" وحْكالْهُم الحْكاية الكُلّ.

[16:54]

Even at work, he spent half the day watching videos. One of his coworkers, whose son also studied with Karim at the same school, was also invited to the match.

As soon as he saw Moez, he ran up to him, put his hand on his shoulder, and said, "Finally! We're going to see Zlatan play!"

Moez tried to calm him down and said, "Lower your voice, man! How did you hear about this?"

"How did I hear? My son Khalil is in the same class as your son!"

"Why didn't I see you at the office yesterday?"

"I had work to do yesterday morning. Once I was done, I joined my family at the office. By that time, you had already left and gone home."

Zlatan's colleague was very excited about the game. He gathered all of his coworkers and told them, "Guys, I have amazing news for you! We'll watch the legend Zlatan play soccer!" He told them the whole story.

الزُّملاء فرْحو برْشا بِالخْبر وقرّْرو الكُلّْهُم باش يحْضْرو لِلماتْش ويتْفرّْجو فيه، كانو يِستنّاوْ وَقْتاه يْشوفو زْلاتان يْكوّر ويْشوفو البراعة الكُروية اللي عنْدو عْلى خاطِر كان ديما غايِب في الماتْشُوات، كانو ديما كي يْنظّْمو تكْوريرة يْكون بِالزّْهر هُوَّ نْهاراتْها ما يْنجّمْش يْجي مْعاهُم.

زْلاتان ما ضُهْرِتْش عْلى وِجْهو علامات الفرْحة، وكي سأْلوه شْبيه ماهوش مِتْحمِّس لِلْماتْش، كان ديما يْقول: "تي مالو إلّا ماتْش معا وْلاد صْغار ما انّجمْش نْورّي فيه مهاراتي الكُلّ!"

كي روّح مِالخِدْمة، نْسى حتّى باش يْكلّم مرْتو ويِسْإلْها كان حاجِتْها بْحاجة لِلْفْطور. كان هايِم بِأتم معْنى الكلِمة، صْباح وليل وهُوَّ ما يْخمّم كان في الماتْش وسْترْاس بْدا يُضْهُر عْليه.

الماتْش كان مْبعْد بِشْهر مِن حفْلِةْ التّكْريم. مُعِز ما خلّاش لا أنْترْنات ولا كْتُب يحْكيوْ على الكورة وما قْراهُمْش، تْقولْش عْليه باش يلْعب فينال كاس العالم، كُلّ ما تْزيد تِتْعدا الأيّامات يْزيد بيه السّْترْاس، أمّا كان ديما يْحاوِل باش يْضهّر العكْس لْوِلْدو.

وكان كي يَحْكي مْعا فاطْمة يْقلّْها: "زعْما فمّا أمل يِتْأجّل الماتْش، فطّوم؟"

[18:17]

The colleagues were very excited by the news and all decided to attend the match and watch it. They had been waiting to see Zlatan play and show off his skills because he was always absent during their games. Whenever they organized a game, he would never be able to join them.

Zlatan didn't show any signs of happiness. When they asked him why he didn't seem excited about the match, he would always say, "It's just a match with some kids. I can't show them all my skills!"

When he got home from work, he even forgot to call his wife and ask if she needed anything for lunch. He was completely lost in thought. He was thinking about the match day and night, and the stress started to show on him.

The game was a month after Karim's award ceremony. Moez didn't skip any soccer-related internet content or books. It was as though he was preparing for the World Cup. The more days passed, the more stressed he became. But he always tried to act differently in front of his son.

When he talked to Fatma, he told her, "Do you think there's a chance the game will be postponed, Fattoum?"

تعَدّى شْهر عْلى حفْلِةْ التّكْريم، واليوم هُوَّ النْهار اللي كان يِحْلِم بيه كريم حْياتو الكُلّ، زْلاتان باش يَهْبط يْكوّر وباش يمْتّع الجُمْهور! مِن كُثْر ما كان مِتْحمّس حتّى النّوم ما جاهوش في اللّيل وقْعد يِتْخيِّل في الماتْش ليلة كامْلة. دوب ما طلْعِت الشّمس، مْشى يِجْري لبْوه وقالو: "هيّا بابا اليوم هُوَّ النْهار اللي نِسْتنّى فيه عنْدي برْشا!"

زْلاتان تْبسّم بِالسّيف وقالّو: "أَيْ وِلْدي أيا برّا إسْبقْني لْبيت الفْطور هاني جايّ."

ودوب ما خْرج وِلْدو قال لْفاطْمة: "شْنُوّا باش نعْمل توّا يا فاطْمة؟"

"يا وِلْدي يِزّي ما تْكبرّْهاش الحْكايا، ما هُوَّ إلّا ماتْش كورة."

"أيْ أمّا بِالنِّسْبة لْكريم ماهوش نْهار عادي، لازِمْني نمْركي برْشا بونْتُوات."

فاطْمة ضحْكِت شْوَيّة وقالِتْلو: "هُوَّ حتّى زْلاتان إبْراهيموفِتْش موش كُلّ طُرْح يمْركي، هيّا هيّا توّا تِتْعادا عْلى خيرْ."

كي وِصْلو لِلْملْعب، حتّى بْلاصة لِلْكرْهْبة ما لْقاوِش مِن كُثر ما تْعبات بِالعْباد، الزُّملاء الكُلّ كانو حاضْرين والفيراج الكُلّ يْعيّط: "زْلاتان! زْلاتان!" مِن قْبل حتّى ما يِبْدا الطُّرْح.

[20:07]

A month passed after the award ceremony, and today is the day Karim had dreamed of his whole life. Zlatan was going to step onto the field and wow the crowd! He was so excited he couldn't sleep the night before and spent the whole night imagining the game. As soon as the sun rose, he ran to his dad and said, "Come on, Dad! Today is the day I've been waiting for!"

Zlatan forced a smile and said, "Yes, son. Go ahead to the dining room. I'll be right there."

As soon as his son left, he turned to Fatma and said, "What am I going to do now, Fatma?"

"Oh, come on. Don't make such a big deal out of it. It's just a soccer game."

"Yes, but to Karim, this isn't just any day. I have to score a lot of goals."

Fatma chuckled a bit and said, "Even Zlatan Ibrahimović didn't score in every match. Don't worry—it'll be fine."

When they got to the field, there wasn't even a parking spot left—it was that packed. All the coworkers were there, and the stands were chanting "Zlatan! Zlatan!" even before the game began.

التّقْسيمة مْتع الجمْعيّات كانِت تُفْرُض إنّو كُلّ ولي يلْعب مْعَ وِلْدو في نفْس الجمْعية. حضّرو رْواحُم في الفسْتْيار، وخرْجو لِلْملْعب.

دوب ما شافو زْلاتان، الجُمْهور زاد في صوتو، لكِن مُعِز ما قال حتّى كِلْمة في الوَقْت اللي النّاس الكُلّ كانِت تِسْتنا فيه باش يْكون قائِد الفريق وهُوَّ اللي باش يعْطيهُم التّكْتيك.

دوب ما بْدا الطّرْح، زْلاتان قْعد شادِد وِسْط الملْعب وكان يِتْجنّب لمْس الكورة قدّ ما يْنجّم، كي تبْدا الجمْعية مْتاعو في وَضْع هُجومي كان يُقْعُد الْتالي مع المُدافْعين وكي يْهاجْمو الجمْعية الأُخْرى يُقْعُد شادِد وِسْط الميْدان، زميلو كان يْكوّر في الجمْعية اللي ضِدّو.

مْشالو في وِسْط الماتْش وقالّو: "هيّا يا زْلاتان وَقْتاش ناوي تمْرْكي؟"

"هذا طُرْح لِلصّغار خلّيهُم هوما يْكوّرو!" جاوْبو زْلاتان.

الجُمْهور الكُلّ كان يِسْتنّى في زْلاتان وَقْتاه يمِس الكورة. تْعدات نِصْف ساعة مِاللي بْدا الماتْش وهُوَّ لْتوْ لا ورّاهُم مهاراتو اللي عُمْرو الكُلّ يحْكي عْلاها.

[21:43]

The teams were arranged so that each parent played on the same team as their child. They got ready in the locker room and went out onto the field.

As soon as Zlatan appeared, the cheering grew louder, but Moez didn't say a word, even though everyone was expecting him to be the team captain and explain the tactics.

As soon as the game started, Zlatan just stood in the middle of the field and avoided touching the ball as much as he could. When his team was attacking, he hung back with the defenders. When the other team was attacking, he stayed in the middle of the field. His colleague was playing on the opposing team.

His colleague came over during the match and said, "Come on, Zlatan! When are you going to score?"

"This match is for the kids—let them play!" Zlatan answered.

The whole crowd was waiting to see Zlatan touch the ball. Half an hour into the game, and he still hadn't shown them any of the skills he'd always bragged about.

كريم كان أكْثر واحِد يِسْتنّى في بوه يمْس الكورة، الشّي اللي خلّاه يْفُكّها مِالْفريق لاخِر ويْعدّيها بْأقْوى ما عنْدو ويْوَصّل الكورة لْبوه. زْلاتان كي جاتو تِفْجع عْلى خاطِر ما كانِش يِسْتنّى في الكورة باش توصِلّو، ويَلْقا روحو راسو راس الحارِس، كانِت ساقيه تُرْعُش وحتّى الكورة ما يْنجّمْش يِتْحكّم فيها، كانِت تظْرِب يمْين ويْسار في ساقيه وماهيش راكْحة جِمْلة.

أوّل ما مسّ الكورة، الجُمْهور الكُلّ قام مِالمُدرّجات وكانو مِتْأكّْدين إنّْهُم باش يْشوفو هدف عالمي. قْعد زْلاتان يْقدّم بِالكورة لين وْصِل لِلْحارِس وكي جا باش يْشوطْها، شاط القاعة وداخ عْلى بْلاصْتو.

العْباد الكُلّ تْفجعِت عْليه وهبْطو لِلتّران باش يِتْفقّْدوه وقالو لْفاطْمة مرْتو تْروّح بيه باش يَرْتاح شْوَيّة. الماتْش وْقِف مْبعْد الحادْثة وتْأجّل لنْهار آخِر وجُمْهور الكُلّ روّْحو وهوما يِتْحسرو ويْقولو: "كان شاطْها راهو مركى بونْتو."

كريم زادة كان مِتْأكّد إلّي بوه كان شاط الكورة راهو مرْكاه البونْتو، حتّى كي قام مْعِز مْشالو وقالّو: "خْسارة! كان ما صارِتْش الفازة رانا رْبحْنا! موش هكّا بابا؟"

[23:16]

Karim was the most eager for his dad to touch the ball. That's why he took it from the other team and passed it to his father with all his strength. When the ball reached Zlatan, it startled him because he wasn't expecting it. He found himself face to face with the goalkeeper, but his legs were shaking and he couldn't control the ball. It bounced left and right between his feet and wasn't steady at all.

As soon as he touched the ball, the entire crowd stood up from the bleachers, certain they were about to see a world-class goal. Zlatan kept advancing with the ball until he reached the goalkeeper, but just as he was about to shoot, he kicked the ground instead and collapsed on the spot.

Everyone panicked and rushed onto the field to check on him. They told Fatma to take him home so he could rest a little. The match was stopped after the incident and postponed to another day. The whole crowd went home feeling disappointed, saying, "If he had kicked it, he would've scored."

Karim also believed that if his dad had kicked the ball, he would have scored. Even after Moez got up, Karim went to him and said, "Too bad! If that hadn't happened, we would've won! Right, Dad?"

زْلاتان ضْحك وقالّو: "ريت ملّا زْهر!"

فمّا راجِل كْبير في الحومة كان يَعْرِف مُعِز مِلّي هُوَّ صْغير، إسْمو عمّ رْجب، كان مِن كْبارات الحومة في العمُر ويَعْرِف تاريخْها بِالقْدى وتاريخ زادة اللي يُسْكْنو فيها. عمّ رْجب كي سْمع بِالحْكايا خمّم يمْشي لْمُعِز ويْطُل علْيه.

مْشالو لِلدّار ياخي حلِّتْلو فاطْمة الباب وسلْمِت علْيه: "أهْلا بيك عمّ رْجب! شنية حوالك؟"

"أهْلا بِنْتي حمْدُ لله، شنية حْوال البطل مْتاعْنا؟"

"تحْكي علْى كريم؟ مزّال في المكْتِب راهو."

"لا لا نحْكي عالبطل الكْبير راجْلِك، إنّجم نُدْخُل نْطُل علْيه؟"

"أَيْ بِالطّبيعة هيّا تْفضّل."

مُعِز أوّل ما شاف عمّ رْجب، فْرح بيه وحاوِل يْقوم يْسلّم علْيه أمّا ما نجّمش علْى خاطِر ساقو ما زالِت ما بْراتِش. عمّ رْجْب ما قْعدْش برْشا بحْذّى مُعز وجاه تليفون مِن عنْد بِنْتو ولازْمو يمْشي.

Zlatan laughed and said, "See how unlucky I am!"

There was an old man in the neighborhood who had known Moez since he was a kid. His name was Uncle Rjab. He was one of the eldest in the neighborhood and knew its history well, along with the stories of everyone who lived there. When he heard what had happened, he thought about going to visit Moez and check on him.

He went to Moez's house, and Fatma opened the door and greeted him: "Welcome, Uncle Rjab! How are you?"

"Hello, my daughter. Praise God. How is our champion doing?"

"You mean Karim? He's still at school."

"No, no, I mean the big champion—your husband. May I come in and see him?"

"Of course! Please, come in."

As soon as Moez saw Uncle Rjab, he was happy and tried to get up to greet him, but he couldn't because his leg still hadn't healed. Uncle Rjab didn't stay long; he received a call from his daughter and had to leave.

وصْلتو فاطْمة لِلْباب وقعْدو يحْكيوْ شْوَيّة لين جا كريم إلّي كان ما يعْرفْش عمّ رْجب وعمّ رجب كيف كيف عنْدو برْشا ما راهوش.

ياخي عمّ رْجب قال: "أهْلاً بِالبطل! أمّا إنْتِ طْلعْت تشْبه لْبوك برْشا!"

"أيْ وطْلعْت مْلاعْبي كْبير كيفو زادة."

عمّ رْجب اطّرْشق بِالضُّحْك وقالّو: "يا آنا ما نعْرِفْش بوك، يا بْديت نِخْرِف."

"ما فْهِمْتِكْش شْنية تْقْصُد."

عمّ رْجب مزّال يضْحك وقال لْفاطْمة: "يا فاطْمة ياخي مْثبْتين نحْكيوْ عْلى فرْد عبْد؟ ياخي راجْلِك تْعلّم يْكوّر وآنا ما فيباليش وَلّا شْنُوّا الحْكاية؟"

كريم اِتْدخّل وقال: "راني مِزِّلْت مانيش فاهِم شَيْ، شْنُوّا الحْكاية؟"

"وِلْدي، علاقةْ بوك بِالكورة محْدودة برْشا."

"امّالا عْلاش يْعيّطولو زْلاتان؟"

"كان فمّا حاجة آنا متْأكّد مِنْها إلّي إنْتِ وْرِثْتْها مِن عنْد بوك راهو هذا."

[26:19]

Fatma walked him to the door, and they chatted for a bit until Karim arrived. Karim didn't know Uncle Rjab, and Uncle Rjab hadn't seen Karim in a long time either.

Uncle Rjab said, "Hello, young champion! You really look a lot like your father!"

"Yes, and I'm a great soccer player just like him, too!"

Uncle Rjab burst out laughing and said, "Either I don't know your father, or I'm starting to lose it."

"I don't understand. What do you mean?"

Still laughing, Uncle Rjab turned to Fatma and said, "Fatma, are we sure we're talking about the same person? Did your husband learn how to play soccer and I didn't know? What's going on here?"

Karim jumped in and said, "I still don't get it. What's the story?"

"Son, your dad's connection to soccer is very limited."

"Then why do they call him Zlatan?"

"If there's one thing I'm sure you inherited from your dad, it's this."

وحطّ صُبْعو عْلى خشْمو. كريم سْكِت شْوَيّة وقال: "ما فْهِمْت شَيْ."

ياخي عمّ رْجب قالّو: "الحاجة الوَحيدة اللي بوك يْشبّه فيها لْزْلاتان إبْراهيموفِتْش راهي الخْشم، بوك خشْمو كان أكْبر خْشم في الحومة، هذاكا عْلاه قرّْرو يْعيّْتولو زْلاتان، لا أكْثر ولا أقلّ.

مُعِز كان عنْدو فوبي مِالكورة مِاللي هُوَّ صْغير، بْعُمْرو لا كان كوّارْجي ولا يِفْهِم في الكورة حتّى مِالتّكهُّنات اللي كان يَعْطي فيها لِصْحابو كانِت لْكُلّْها زْهر، عُمْرو في حْياتو لا كوّر في الحومة ولا حْضر عْلى ماتْش. المرّة الوَحيدة اللي حْضر فيها كان صْغير في العُمْر وصارْلو كيما صار في طُرْح المكْتِب مْتاع كريم بِالضّبْط، جا باش يْشوط الكورة، شاط القاعة وداخ.

مُعِز الحْكايَة كانِت مْقلّْقِتّو برْشا وخاف لا كي يِكْبْرو وْلادو ويعْرْفو القِصّة الصّْحيحة مْتاع إسْمو، يْطيح مِن عينيهُم، وقرّر إنّو ما يحْكيلْهُمْش الحْكايَة ويْقُلّْهُم إلّي هُوَّ كان كوّارْجي. مُعِز قْعد يْوَصّي في أوْلاد الحومة الكُلّ باش ما يحْكيوِش لكريم عْلى الحكاية الصّْحيحة، ما نْسى كان عمّ رْجب!!

❖ ❖ ❖

[27:39]

And he pointed to his nose. Karim paused for a moment and said, "I don't get it."

Uncle Rjab told him, "The only thing your father has in common with Zlatan Ibrahimović is his nose. Your dad had the biggest nose in the neighborhood—that's why they decided to call him Zlatan. Nothing more, nothing less."

Moez had a phobia of soccer since he was a child. He was never a player, and he didn't even understand the game. Even the predictions he gave his friends were just luck. He had never played soccer in the neighborhood and had never even attended a match. The one time he did, when he was a little boy, the same thing happened to him as in Karim's school game: he went to kick the ball, hit the ground instead, and fainted.

Moez was really bothered by this and was afraid that once his kids grew up and found out the real story behind his nickname, they would lose respect for him. So, he decided never to tell them and always said he used to be a soccer player. Moez made every kid in the neighborhood promise not to tell Karim the truth. He forgot one person—Uncle Rjab!

❖   ❖   ❖

Arabic Text without Tashkeel

For a more authentic reading challenge, read the story without the aid of diacritics (tashkeel) and the parallel English translation.

بابا، نجم الكورة

معز، شهر زلاتان، مهندس في شركة إنجليزية، عندو زوز صغار، كريم وسمر، مرتو فاطمة تخدم في لابرتوار. سمر قريبة لأمها برشا ،كانت ديمة تستناها تجي تقومها حتى وكان هي فايقة.

كل يوم معز يقيم ولدو ويستنى بنتو باش تقوم ويحضرلهم فطور صباح ويبدا يحكيلهم على بطولاتو وانجازاتو في دومان الكورة وكان ديما يقول إلي هو يكور كيف زلاتان إبراهيموفتش بالضبط. صغارو من كثر ما يصدقو كلامو، كريم كان كل ما يحلم، يشوف بوه يحارب في الاشرار بالكورة. كريم ساعات يتمنى يرجع بالوقت التالي باش يشوف بوه كيفاش كان يكور قيل.

معز كان نادرا وين تسمع إسمو الصحيح، ديما في الحومة ما يعيطولو كان زلاتان. وصلت الحكايا إلي فما برشا عباد كانو ما يعرفروش إسمو.

فاطمة مرت زلاتان، كانت موش ديما تحكي لصغارها على بوهم، رغم إلي كانت تعرفو ملي هوما صغار على خاطرهم كانوا يعيشوا في نفس الحومة. زلاتان كان عندو تأثير كبير على صغارو، خاصة كريم، إلي تزرع فيه حب الكورة قبل حتى ما يتعلم الحديث، الشي اللي خلاه أول ما يدخل للمكتب يشترك في النادي الرياضي المدرسي ويولي من الأساسيين في الجمعية.

كيما كل صباح، زلاتان قام أول واحد في العايلة. هو شخصية مهمة ومحبوبة في الخدمة متاعو، على هذاكا كان ديما لاهي بمظهرو الخارجي ولياقتو. لازمو ديما قبل ما يخرج مالدار، يعمل دوش ويحجم لحيتو، ومشى يقيم في ولدو.

"هيا كريم، قوم يعيش ولدي."

"خليني نزيد شوية بابا مازال بكري."

"لا هيا يا بطل، راهم الكوارجية الكل يقوموا بكري باش يعديو نهار كامل ناشطين."

"أي حتى آنا كوارجي كبير وباش يعملولي حفل تكريم!"

معز كان ماشي في بالو إلي كريم كان يفدلك، وحب يزيد يهزلو المورال ياخي قلو: "أي بالطبيعة! إنت من أكبر الكوارجية في العالم!"

"بالحق راهو يا بابا باش يعملولنا حفل تكريم في المكتب وآنا كنت من أحسن الملاعبية السنا في الفريق وباش ناخو جايزة!"

معز فرح علخر وقالو: "يعطيك الصحة يا معلم! بلحق برافو عليك، ربيت ولقيت! إنت أكيد طالع فنان متع كورة كيما بوك!"

"يعيشك بابا! هذا الكل بفضلك إنت وعلى خاطرك ملاعبي كبير، حتى آنا هاني جيت كيفك! ياخي إنتوما قبل ما كانوش يعطيوكم جوايز؟"

"آه يا وليدي نحنا كان جاو يعطيونا جوايز قبل راهو القاراج ما عادش نلقاو فيه بلاصة للكرهبة."

"آنا الجايزة هاذي باش نهديهالك ليك إنت أما لازمك تجي معايا للمكتب نهار السبت الجاي، نهارة الحفلة."

"بالطبيعة ولدي باش نكون حاضر معاك! ما نجمش نكون مانيش حاضر في نهار مهم في حياتك كيما النهار هذا، أما الجايزة إنت جبتها يا بطل وإنت إلي تستحقها!"

زلاتان حاسس إلي ولدي باش يطلع كوارجي كبير وشادد ثنية صحيحة! مشى يجري لمرتو وقومها وقالها: "صباح الخير عزيزتي، عندي ليك خبر هايل!"

"صباح النور، أي قلي! حتى آنا عندي برشا على خبر باهي."

"اليوم تأكدت إلي كريم طالع لبوه يا فاطمة."

"على شنوا تحكي بالضبط؟ فاش باش يطلع كيفك؟"

"طالع كوارجي كبير! آنا متأكد."

فاطمة تبسمت شوية وقالتلو: "ايه ايه صحيح صحيح، كيف كيف علخر!"

"هيا هيا لازمك تقوم اليوم عندنا فطور صباح عالمي، باش نحتفلو بالخبر الهايل هذا!"

"ماكش ناوي تقلي على شنوا تحكي بالضبط؟"

"كريم باش يعملولو حفلة على خاطرو كان من أحسن الملاعبية في الفريق!"

خرج زلاتان للحومة شايخ، فرحان وزاهيتلو في النوار ودار يحكي للحومة الكل على ولدو وقداهوش فرحان بيه. خذا قضية هايلة للفطور وروح للدار لقى مرتو وولدو يستناو فيه في بيت الفطور.

معز ضحك وقال: "كان جيت نعرف إلي كان كل ما ولدي ياخذ جايزة باش تقومو بكري هكا، راني كل يوم نجيبلك في الجوايز، أما ويني سمر شباها ماهيش معاكم؟"

فاطمة جبدت معز على جنب وقالتلو: "بنتك باش تموت مالغيرة."

"علاش شباها؟"

"مشيت باش نقومها، قالتلي: "مانيش باش نقوم، براو أفطرو مع ولدكم المفضل."

"ياخي هي كيفاه سمعت بالحكايا؟ إنت قلتلها؟"

"ما حكيتلها شي، سمعتك تحكي إنت وكريم في البيت."

معز حس بالذنب شوية وطلع لبنتو للبيت، يلقاها مطفية الضو ومغطية راسها بالغطاء. مشالها بالشوية وإتكى بحذاها وقاللها: "صباح الخير بنت بوها، شبي بنتي ما تحبش تقوم؟"

"على خاطركم ديما لاهين بكريم وآنا ديما تنساوني!"

"رد بالك تعاود هالكلام يعيش بنتي، آنا راني نحبكم الزوز كيف كيف وعمري لا نفرق بيناتكم."

"مالا شبيك ديما تفرح أكثر بالحاجات اللي يعملهم كريم وآنا لا؟"

"آنا نفرحلكم الزوز كيف كيف، إنت راك الأميرة متاعي، ما تتكرش زادا إلي كريم كي تتغشش عليه، نتغشش عليه أكثر منك، صحيح ولا لا؟"

"صحيح."

"اكاهو مالا يعيش بنتي ملازمكش تغير من خوك! إنتوما الزوز لازم تكونو حماية وقدوة لبعضكم، تفاهمنا؟"

"تفاهمنا بابا!"

"مالا هيا قوم يعيش بنتي راهي الطاولة متاعنا ما لازم ينقص منها حد."

كمل معز فطور الصباح معا عايلتو وخرج بكرهبتو عامل جو ويغني. وصل للخدمة وأول حاجة عملها لم الزملاء متاعو الكل وقعد يحكيلهم على ولدو ويعاود: "ولد زلاتان ما ينجم يكون كان كوارجي كبير!"

زلاتان كان محبوب برشا فاي لخدمة متاعو، كانو حتى كي يبدا فما ماتش كورة يحبوه يحظر معاهم باش يفسرلهم حركات الملاعبية وتكتيك المدربين، كانو حتى كي يلعبو "البروموسبور" (هي لعبة تونسية متاع مراهنة على جمعيات الكورة) ما يسمعو كان كلامو ويحطو الجمعيات اللي يقول علاها هو.

نهارة الحفلة، عايلت زلاتان قامو لكلهم بكري، حتى سمر اللي كانت غايرة من خوها، قامت معاهم وعملو فطور صباح كي العادة، أفراد العايلة الكل عاملين جو ويحضرو في رواحهم باش يمشيو للمكتب مع كريم ويحضرو معاه.

المكتب كان معبي على غير العادة النهار هذا، على خاطر أولياء التلامذة لخرين الكل وعايلاتهم كانو زادا حاضرين مع صغارهم باش يشاركوهم فرحتهم. كريم

ما كانش مالمتألقين برك، بل كانهوأحسن ملاعبي في الجمعية وعطاوه الجايزة الأولى وكان الأساتذة والمدير يمجدو فيه ويعاودو قدام العباد الكل.

بالوقت تعبات برشا البلاصة، وصلو حتى فما برشا أولياء ما لقاوش كراسي يقعدو عليهم. الإدارة ما كانتش تتصور إنو باش يكون فما إقبال بالصيفة هاذي، الشي اللي خلا أستاذ الرياضة تجيه فكرة إنهم يعملو ماتش كورة يشاركو فيه الأولياء الملاعبية باش يزيدو يقربوهم من صغارهم ويعيشو غرامهم معاهم.

المدير عجبتو الفكرة ويكان يشوف إلي الحدث هذا باش يكون الأول من نوعو في الجمهورية وباش يزيد يثبت كفائة المدرسة في تقوية العلاقات بين أفراد العايلة وقرر إنو يقول الفكرة للأولياء ويشوف ردود فعلهم. دوب ما كمل كلامو، كريم تحمس برشا للفكرة على خاطر أخيرا حلمو باش يتحقق ويشوف بوه كيفاه يكور خاصة إلي هو باش يكون حاضر في الماتش وقال بصوت قوي: "بالطبيعة موافقين! تي راهو بابا زلاتان!"

معز كان رد فعلو ماهوش متوقع جملة، في الوقت اللي كانت العباد الكل تستنى إلي هو باش يفرح أكثر من ولدو، على خاطر الاساطير الكل ديما يحبو يرجع بيهم الوقت لتالي ويرجعو يمسو كورة ويتذكرو أياماتهم، أما زلاتان كان عكس هذا، ضهر على وجهو إلي هو ما كانش متحمس ياسر للفكرة والسؤال الوحيد اللي قالو كان: "وقتاه باش يتلعب هالماتش؟"

حتى وهوما مروحين في الكرهبة، كانت العايلة الكل متحمسين للماتش ويحكيو عليه إلا هو، لبس مرايات الشمس متاعو وكان مركز في الثنية.

كريم قص على الحديث الكل وقال لبوه: "هيا بابا عاد هاي جاتك الفرصة اللي تستنا فاها!"

زلاتان كان متردد برشا في إجابتو وقالو: "أي... أي بالطبيعة ولدي باش نربحو!"

"أي هذا ما فيهش كلام، باش نعطيوهم طبيخة!"

"نشاله... نشاله..."

كي روحو للدار، معز دخل طول للبيت، ما كانش هذا من عوايدو، كان ديما يحب اللمة ويحب يعدي أكثر وقت مع عايلتو.

كي حست فاطمة إلي راجلها متقلق، مشاتلو للبيت وقالتلو: "شبيك عزيزي؟"

"لا لا شي! ما بيا شي! ما تقلقش روحك."

"يا خي مستانس تخبي عليا؟"

"بالحق لاباس راني، غير عندي برشا ما مسيتش كورة ولازمني نتفكر."

فاطمة ضحكت شوية وقالتلو: "آنا أول مرة نسمع بعبد ينسى كيفاش يكور."

"لا موش نسيت، أما خايف نكون فقدت مهاراتي."

"ها ها! وهو فما زلاتان يخاف مالكورة؟ هيا يا زلاتان إيجا أقعد معانا إيجا."

"باهي شوية آخر ونجي نقعد بحذاكم!"

رجعت فاطمة للصالة بحذا سمر وكريم اللي كانو يستناو في بوهم باش يحكيو على الماتش، أما كي ما هبطش كريم قال: "ياخي شبيه بابا؟"

فاطمة ما حبتش تحيرو وجاوبتو: "تعب شوية لبارح ليلا كاملة وهو ساهر عندو برشا خدمة."

سمر ادخلت وقالت: "غريبة إساعة ضهرلي لاباس عليه، زعمة نمشي نشوفو شبيه؟"

"لا، أقعد يعيش بنتي، شوية آخر ويهبط وحدو."

كريم كان عندو إحساس إلي فما حاجة، أما ما عندو حتى فكرة شنوا تنجم تكون، كان مستني إنو بوه باش يشاركو فرحة الماتش، أما ما حبش يحكي معاه في الموضوع باش ما يحرجوش.

من غدوة على عكس عادتو معز قام مخر، عدى ليلة كاملة وهو يتفرج في فيديوات زلاتان والملاعبية المعروفين، مرتو كي سألتو فاش كان يعمل بالضبط قاللها إلي هو قاعد يحاول يتذكر شوايا الفازات إلي كان يعمل فيهم بسهولة، حتى

في الخدمة عدى نص نهار كامل وهو يتفرج. واحد مالزملاء متاعو ولدو كان يقرى مع كريم في نفس المكتب وكان زادا هو مستدعي للتكويرة.

دوب ما شاف معز مشالو يجري وحط يدو على كتفو وقالو: "وأخيرا! باش نشوفو زلاتان يكور!"

معز حاول يسكتو وقالو: "أحكي بالشوية يا ولدي منين سمعت إنت؟"

"كيفاه منين سمعت؟ تي ماهو ولدي خليل يقرى فرد قسم مع ولدك."

"شبيني ما ريتكش لبارح ملا في المكتب؟"

"لبارح كان عندي ما نعمل الصباح، دوب ما كملت خلطت على عايلتي في المكتب أما إنت وقتها روحت وكملت."

زميل زلاتان كان متحمس برشا للماتش ولم جماعة الخدمة الكل وقلهم: "يا جماعة عندي ليكم خبر هايل! باش نشوفو الأسطورة زلاتان يكور!" وحكالهم الحكاية الكل.

الزملاء فرحو برشا بالخبر وقررو الكلهم باش يحضرو للماتش ويتفرجو فيه، كانو يستناو وقتاه يشوفو زلاتان يكور ويشوفو البراعة الكروية اللي عندو على خاطر كان ديما غايب في الماتشوات، كانو ديما كي ينظمو تكوريرة يكون بالزهر هو نهاراتها ما ينجمش يجي معاهم.

زلاتان ما ضهرتش على وجهو علامات الفرحة، وكي سألوه شبيه ماهوش متحمس للماتش، كان ديما يقول: "تي مالو إلا ماتش معا ولاد صغار ما انجمش نوري فيه مهاراتي الكل!"

كي روح مالخدمة، نسى حتى باش يكلم مرتو ويسإلها كان حاجتها بحاجة للفطور. كان هايم بأتم معنى الكلمة، صباح وليل وهو ما يخمم كان في الماتش وستراس بدا يضهر عليه.

الماتش كان مبعد بشهر من حفلة التكريم. معز ما خلاش لا أنترنات ولا كتب يحكيو على الكورة وما قراهمش، تقولش عليه باش يلعب فينال كاس العالم، كل ما تزيد تتعدا الأيامات يزيد بيه ستراس، أما كان ديما يحاول باش يضهر العكس لولدو.

وكان كي يحكي معا فاطمة يقلها: "زعما فما أمل يتأجل الماتش، فطوم؟"

تعدى شهر على حفلة التكريم، واليوم هو النهار اللي كان يحلم بيه كريم حياتو الكل، زلاتان باش يهبط يكور وباش يمتع الجمهور! من كثر ما كان متحمس حتى النوم ما جاهوش في الليل وقعد يتخيل في الماتش ليلة كاملة. دوب ما طلعت الشمس، مشى يجري لبوه وقالو: "هيا بابا اليوم هو النهار اللي نستنى فيه عندي برشا!"

زلاتان تبسم بالسيف وقالو: "أي ولدي أيا برا إسبقني لبيت الفطور هاني جاي."

ودوب ما خرج ولدو قال لفاطمة: "شنوا باش نعمل توا يا فاطمة؟"

"يا ولدي يزي ما تكبرهاش الحكايا، ما هو إلا ماتش كورة."

"أي أما بالنسبة لكريم ماهوش نهار عادي، لازمني نمركي برشا بونتوات."

فاطمة ضحكت شوية وقالتلو: "هو حتى زلاتان إبراهيموفتش موش كل طرح يمركي، هيا هيا توا تتعادا على خير."

كي وصلو للملعب، حتى بلاصة للكرهبة ما لقاوش من كثر ما تعبات بالعباد، الزملاء الكل كانو حاضرين والفيراج الكل يعيط: "زلاتان! زلاتان!" من قبل حتى ما يبدا الطرح.

التقسيمة متع الجمعيات كانت تفرض إنو كل ولي يلعب مع ولدو في نفس الجمعية. حضرو رواحم في الفستيار، وخرجو للملعب.

دوب ما شافو زلاتان، الجمهور زاد في صوتو، لكن معز ما قال حتى كلمة في الوقت اللي الناس الكل كانت تستنا فيه باش يكون قائد الفريق وهو اللي باش يعطيهم التكتيك.

دوب ما بدا الطرح، زلاتان قعد شادد وسط الملعب وكان يتجنب لمس الكورة قد ما ينجم، كي تبدا الجمعية متاعو في وضع هجومي كان يقعد التالي مع المدافعين وكي يهاجمو الجمعية الأخرى يقعد شادد وسط الميدان، زميلو كان يكور في الجمعية اللي ضدو.

مشالو في وسط الماتش وقالو: "هيا يا زلاتان وقتاش ناوي تمركي؟"

"هذا طرح للصغار خليهم هوما يكورو!" جاوبو زلاتان.

الجمهور الكل كان يستنى في زلاتان وقتاه يمس الكورة. تعدات نصف ساعة مااللي بدا الماتش وهو لتو لا وراهم مهاراتو اللي عمرو الكل يحكي علاها.

كريم كان أكثر واحد يستنى في بوه يمس الكورة، الشي اللي خلاه يفكها مالفريق لاخر ويعديها بأقوى ما عندو ويوصل الكورة لبوه. زلاتان كي جاتو تفجع على خاطر ما كانش يستنى في الكورة باش توصلو، ويلقا روحو راسو راس الحارس، كانت ساقيه ترعش وحتى الكورة ما ينجمش يتحكم فيها، كانت تظرب يمين ويسار في ساقيه وماهيش راكحة جملة.

أول ما مس الكورة، الجمهور الكل قام مالمدرجات وكانو متأكدين إنهم باش يشوفو هدف عالمي. قعد زلاتان يقدم بالكورة لين وصل للحارس وكي جا باش يشوطها، شاط القاعة وداخ على بلاصتو.

العباد الكل تفجعت عليه وهبطو للتران باش يتفقدوه وقالو لفاطمة مرتو تروح بيه باش يرتاح شوية. الماتش وقف مبعد الحادثة وتأجل لنهار آخر وجمهور الكل روحو وهوما يتحسرو ويقولو: "كان شاطها راهو مركى بونتو."

كريم زادة كان متأكد إلي بوه كان شاط الكورة راهو مركاه البونتو، حتى كي قام معز مشالو وقالو: "خسارة! كان ما صارتش الفازة رانا ربحنا! موش هكا بابا؟"

زلاتان ضحك وقالو: "ريت ملا زهر!"

فما راجل كبير في الحومة كان يعرف معز ملي هو صغير، إسمو عم رجب، كان من كبارات الحومة في العمر ويعرف تاريخها بالقدى وتاريخ زادة اللي يسكنو فيها. عم رجب كي سمع بالحكايا خمم يمشي لمعز ويطل عليه.

مشالو للدار ياخي حلتلو فاطمة الباب وسلمت عليه: "أهلا بيك عم رجب! شنية حوالك؟"

"أهلا بنتي حمد لله، شنية حوال البطل متاعنا؟"

"تحكي على كريم؟ مزال في المكتب راهو."

"لا لا نحكي عالبطل الكبير راجلك، إنجم ندخل نطل عليه؟"

"أي بالطبيعة هيا تفضل."

معز أول ما شاف عم رجب، فرح بيه وحاول يقوم يسلم عليه أما ما نجمش على خاطر ساقو ما زالت ما براتش. عم رجب ما قعدش برشا بحذى معز وجاه تليفون من عند بنتو ولازمو يمشي.

وصلتو فاطمة للباب وقعدو يحكيو شوية لين جا كريم إلي كان ما يعرفش عم رجب وعم رجب كيف كيف عندو برشا ما راهوش.

ياخي عم رجب قال: "أهلا بالبطل! أما إنت طلعت تشبه لبوك برشا!"

"أي وطلعت ملاعبي كبير كيفو زادة."

عم رجب اطرشق بالضحك وقالو: "يا آنا ما نعرفش بوك، يا بديت نخرف."

"ما فهمتكش شنية تقصد."

عم رجب مزال يضحك وقال لفاطمة: "يا فاطمة ياخي مشبتين نحكيو على فرد عبد؟ ياخي راجلك تعلم يكور وآنا ما فيباليش ولا شنوا الحكاية؟"

كريم اتدخل وقال: "راني مزلت مانيش فاهم شي، شنوا الحكاية؟"

"ولدي، علاقة بوك بالكورة محدودة برشا."

"امالا علاش يعيطولو زلاتان؟"

"كان فما حاجة آنا متأكد منها إلي إنت ورثتها من عند بوك راهو هذا."

وحط صبعو على خشمو. كريم سكت شوية وقال: "ما فهمت شي."

ياخي عم رجب قالو: "الحاجة الوحيدة اللي بوك يشبه فيها لزلاتان إبراهيموفتش راهي الخشم، بوك خشمو كان أكبر خشم في الحومة، هذاكا علاه قررو يعيتولو زلاتان، لا أكثر ولا أقل.

معز كان عندو فوبي مالكورة ماللي هو صغير، بعمرو لا كان كوارجي ولا يفهم في الكورة حتى مالتكهنات اللي كان يعطي فيها لصحابو كانت لكلها زهر، عمرو في حياتو لا كور في الحومة ولا حضر على ماتش. المرة الوحيدة اللي حضر فيها كان صغير في العمر وصارلو كيما صار في طرح المكتب متاع كريم بالضبط، جا باش يشوط الكورة، شاط القاعة وداخ.

معز الحكاية كانت مقلقتو برشا وخاف لا كي يكبرو ولادو ويعرفو القصة الصحيحة متاع إسمو، يطيح من عينيهم، وقرر إنو ما يحكيلهمش الحكاية ويقلهم إلي هو كان كوارجي. معز قعد يوصي في أولاد الحومة الكل باش ما يحكيوش لكريم على الحكاية الصحيحة، ما نسى كان عم رجب!!

❖ ❖ ❖

Comprehension Questions

1. شْكون هُمّا الشّخْصيّات الرّئيسيّة في الحْكايَة؟
2. علاش يْعيّطو لْمُعز زْلاتان؟
3. شْنُوّا علاقة كريم بِالكورة؟
4. كيفاش كان مُعِز يحْكي عْلى ماضيه في الكورة؟
5. شْنُوّا صار في حفْلة تكْريم كريم؟
6. شْنُوّا كانِت فِكْرة أُسْتاذ السّبوْر؟
7. كيفاش كان ردّ فِعْل مُعِز على الفِكْرة؟
8. شْنُوّا عْمل مُعِز قْبل الماتْش؟
9. كيفاش تْصرّف مُعِز في الماتْش؟
10. شْنُوّا صار في اللّخِر في الماتْش؟
11. شْكون هُوَّ عمّ رْجب؟
12. كيفاش عْرف كريم الحْقيقة؟
13. شْنُوّا كانِت علاقة مُعِز الحْقيقيّة بِالكورة؟
14. علاش كذب مُعِز عْلى وْلادو؟
15. كيفاش كانِت علاقة كريم بْبوه؟
16. كيفاش تْصرّفِت العايْلة في نْهار الماتْش؟
17. شْنُوّا كان موْقِف زُمْلاء الخِدْمة؟
18. كيفاش حاوِل مُعِز يْخبّي خوفو؟
19. شْنُوّا كان دور فاطْمة في الحكاية؟
20. شْنُوّا الدّرس المُسْتفاد مِالحكاية؟

1. Who are the main characters in the story?

2. Why do they call Moez "Zlatan"?

3. What is Karim's relationship with football?

4. How did Moez talk about his past in football?

5. What happened at Karim's award ceremony?

6. What was the PE teacher's idea?

7. How did Moez react to the idea?

8. What did Moez do before the match?

9. How did Moez behave during the match?

10. What happened at the end of the match?

11. Who is Uncle Rajab?

12. How did Karim learn the truth?

13. What was Moez's real relationship with football?

14. Why did Moez lie to his children?

15. What was Karim's relationship with his father?

16. How did the family act on the day of the match?

17. What was the coworkers' position?

18. How did Moez try to hide his fear?

19. What was Fatma's role in the story?

20. What is the lesson learned from the story?

Answers to the Comprehension Questions

1. مُعِز (زْلاتان) ومرْتو فاطْمة ووْلادو كريم وسمر.
2. عْلى خاطِر خشْمو كْبير كيف خْشم زْلاتان إبْراهيموفِتْش.
3. يْحِبّ الكورة برْشا ويلْعب في النّادي الرّياضي المدْرسي.
4. كان يْقول إنّو كان كوّارْجي كْبير كيف زْلاتان.
5. رْبح كريم جايْزة عْلى خاطْرو مِن أحْسن الْملاعْبية.
6. اقْترح يعْمْلو ماتْش يشارْكو فيه الأوْلِياء مْع صْغارْهُم.
7. تْقلّق برْشا وما حبّْش يْبيّن خوفو.
8. قْعد يِتْفرّج في فيدْيوهات زْلاتان ويْحاوِل يِتْعلّم.
9. حاوِل يِتْجنّب الكورة وما تْحرّكْش برْشا في السّْتاد.
10. كي جاتو الكورة شاط القاعة وداخ قُدّام النّاس الكُلّ.
11. راجِل كْبير مِالحومة يعْرف تاريخ العايْلات الكُلّ.
12. حْكالو عمّ رْجب عْلى السّبب الحْقيقي لْلّقب بوه.
13. كان يْخاف مِالكورة وما يعْرفش يلْعب جِمْلة.
14. خاف لا يطيح مِن عين وْلادو كان يعْرفو الحْقيقة.
15. كريم كان يْحِبّ بوه ويْشوفو بطل ومْثال.
16. كانو مِتْحمّْسين برْشا وكريم كان فرْحان.
17. جاو الكُلّ يِتْفرّْجو ويْشجّْعو في زْلاتان.
18. حاوِل يْقول إنّو الماتْش صْغير على مِسْتواه.
19. كانِت تْفهّم فيه وتْحاوِل باش تهديهْ.
20. الكِذْب مهْما طال يْبان في اللّخِر والصّدق خير.

1. Moez (Zlatan), his wife Fatma, and their children Karim and Samar.
2. Because his nose is big like Zlatan Ibrahimović's nose.
3. He loves football very much and plays in the school sports club.
4. He used to say he was a great player like Zlatan.
5. Karim received an award for being one of the best players.
6. He suggested organizing a match where fathers participate with their children.
7. He was very worried but tried to hide his fear.
8. He kept watching Zlatan's videos and trying to learn.
9. He tried to avoid the ball and didn't move much on the field.
10. When the ball reached him, he kicked the ground and fainted in front of everyone.
11. An elderly man from the neighborhood who knows the history of all the families.
12. Uncle Rajab told him the real reason behind his father's nickname.
13. He was afraid of football and didn't know how to play at all.
14. He was afraid of losing his status in his children's eyes if they knew the truth.
15. Karim loved his father and saw him as a hero and role model.
16. They were very excited and Karim was happy.
17. They all came to watch the match and cheer for Zlatan.
18. He tried to pretend that the match was below his level.
19. She was understanding and tried to calm him down.
20. No matter how long it takes, lies will eventually be exposed, and honesty is better.

Summary

Read the scrambled summary of the story below. Write the correct number (1–10) in the blank next to each event to show the proper sequence.

___ يْجي نْهار الماتْش والجُمْهور يِسْتنّى في إبْداعات زْلاتان.

___ يِتْكشّف إلّي مُعِز عنْدو فوبي مِالكورة وإسْم زْلاتان جا مِن خشْمو الكْبير.

___ زْلاتان يْشوط القاعة وما يْنجّمْش يْسجل ويْدوخ.

___ مُعِز (زْلاتان) يْقيّم وِلْدو كريم كُلّ صْباح ويحْكيلو عْلى بُطولاتو في الكورة.

___ يْجي يْطُل عْليه عمّ رْجب ويِحكي الحْقيقة لْكريم.

___ المكْتِب يْنظّم ماتْش بين الأوْلياء وأوْلادْهُم.

___ يِظْهر إلّي مُعِز حبّ يْخبّي الحْقيقة باش ما يْطيحْش مِن عين وْلادو.

___ يْربح كريم جايْزة في النّادي الرِّياضي في المكْتِب.

___ كريم يْشوط الكورة لْبوه وزْلاتان يْلْقى روحو قُدّام الـgoal

___ مُعِز يِتْقلّق مِالماتْش ويْبدا يْراجع في الكورة.

Key to the Summary

5 Match day arrives with the audience awaiting Zlatan's brilliance.

9 It's revealed that Moez has a phobia of soccer and the name Zlatan came from his big nose.

7 Zlatan kicks the ground, fails to shoot, and faints.

1 Moez (Zlatan) wakes up his son Karim every morning and tells him about his soccer achievements.

8 Uncle Rjab visits him and reveals the truth to Karim.

3 The school organizes a match between fathers and their children.

10 It becomes clear that Moez wanted to hide the truth to maintain his status in his children's eyes.

2 Karim receives an award at the school sports club.

6 Karim passes the ball to his father and Zlatan finds himself facing the goal.

4 Moez becomes anxious about the match and starts reviewing soccer.

Tunisian Arabic Readers Series

www.lingualism.com/tar

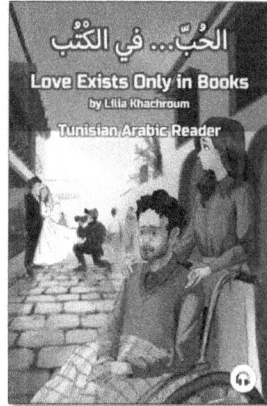

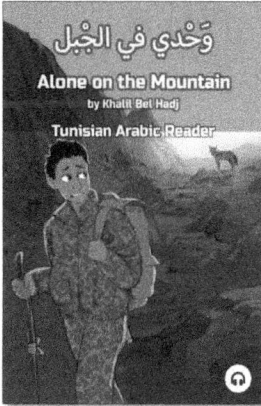

زعْما مازال فمّا
الخيرْ في الدِّنْيا؟
Is There Still Good in the World?
by Amal Mrissa
Tunisian Arabic Reader

بابا، نجْم الكورة
My Dad, the Soccer Star
by Rached Khalledi
Tunisian Arabic Reader

الحُبّ... في الكْتُب
Love Exists Only in Books
by Lilia Khachroum
Tunisian Arabic Reader

وَحْدي في الجْبل
Alone on the Mountain
by Khalil Bel Hadj
Tunisian Arabic Reader

Tunisian Arabic Reader
الشّاشية السِّحْرية
The Magic Fez
by Amal Mrissa

www.ingramcontent.com/pod-product-compliance
Lightning Source LLC
Chambersburg PA
CBHW061843040426

42447CB00012B/3118